청어詩人選 56

풀꽃 애인

| 마정인 시집 |

청어

풀꽃 여인

마정인 지음

발행처 · 도서출판 **청어**
발행인 · 이영철
기 획 · 강보임 | 김홍순
영 업 · 이동호
편 집 · 김영신 | 방세화
디자인 · 오주연
제작부장 · 공병한
인 쇄 · 두리터

등 록 · 1999년 5월 3일(제22-1541호)

1판 1쇄 인쇄 · 2009년 9월 10일
1판 1쇄 발행 · 2009년 9월 20일

주소 · 서울시 서초구 서초동 1588-1 신성빌딩 A동 412호
대표전화 · 586-0477
팩시밀리 · 586-0478

블로그 · http://blog.naver.com/ppi20
E-mail · ppi20@hanmail.net
ISBN · 978-89-93563-48-1 (03810)

풀꽃 여인

| 서문 |

문학이란 배를 탄 항해의 기쁨

이길원 (시인, 국제펜클럽 한국본부 이사장)

짙푸른 수평선 너머
아득한 시인의 길

나는 그대 가슴 안
정박된 한 척의 나룻배

이 밤 내
꼭 가야만 하는 양

까딱까딱 심혈의 몸부림
아픈 제 살점 도려내는

– 「항해」 전문

마정인 시인의 원고를 읽으면 깊은 밤 잠들지 못하고, 깨어 시를 쓰고 있는 모습이 보인다. 긴 전문을 소개하지 못했지만 「세상으로 내려가는 길」이란 작품에서는 살아 숨쉬는 것을 감사하며 병실에서 눈물 흘린 흔적도 엿보인다.

고통스런 질병 속에서, 참담한 현실 속에서, 문학이란 배에 올라 항해의 기쁨에 젖어 있는 시인의 모습이 낭만적으로 다가온다.

나에게도 그러하듯 그의 삶에서 문학이 없고 시(詩)와의 인연이 없었다면 그것을 대신할 수 있는 또 다른 수단이 있었을까 생각해보니 참으로 끔찍해진다.

시인이 시를 만나 사랑에 빠지는 것은 '운명' 이라 말하기도 하지만, 한마디로 말해서 하늘이 내려 주신 크나큰 '축복' 이 아닐 수 없다.

사람은 이 세상에 세 번 태어난다.

첫 번째는 어머니의 모태에서 울음을 터트리며 육신으로 한 번 태어나고, 두 번째는 사춘기를 지나 학창시절에 정신적으로 다시 태어난다. 미래를 향한 왕성한 지적 호기심 속에서 배우자를 만나 사랑에 빠지고 결혼도 하고 행복한 인생을 꿈꾸게 된다. 세 번째는 인생의 황혼기에 이르러 사명적 자아(自我)로 태어난다. 사명적 자아로 태어나는 것은 물질위주의 삶에서 허무를 느끼고 심화된 고독에 갇혀 언젠가 다가올 죽음이란 문제를 심각하게 고민할 때가 되었기 때문이다.

그 후 문단에 데뷔하여 스스로 보고, 듣고, 체험한 소재로 인생을 예찬하며 수평선 너머 아득한 시인의 길을 항해하는 것은 제3의 탄생에 속한다.

대다수의 시인들이 불혹의 언덕을 지나 지천명의 고갯길에서 문단에 데뷔 하고 있다.

일평생 마지막으로 주어진 생의 목표를 재설정하고 수정하여 자신의 흔적을 남기고 싶은 처절한 몸부림이라고 판단해야 할 것이다.

붕어빵을 샀다
천 원에 세 마리
봉지에 담아 가슴에 품으니
은은히 스며드는 이 따스함
체감온도는 얼마 정도일까

물길의 기억을 지우고
뭍에 나와 훈훈한 입김으로
여러 가슴에 닿을 때까지
행복한 울림을 안겨주는
붕어빵이 쓰는 달콤한 몸 詩

—「붕어빵」 전문

이 시를 읽으면서 그나마 다행이라고 생각되는 것은 마정인 시인은 그 가슴속에 시를 쓰는 기쁨이 충만하여 있다는 것이며, 또 하나는 자신이 쓴 시가 누군가의 허기를 채워주고 싸늘한 가슴을 데워주는 따끈따끈한 붕어빵이 되기를 염원하며 창작활동을 하고 있다는 점이다. 그리고 좋은 시 한 편을 남기기 위해 깊이 고뇌하는 모습이 아름답다.

화려하지는 않지만 문학이란 낡은 배를 타고 항해의 기쁨을 즐길 줄 아는 시인이라면 그가 쓰는 시는 시심의 불꽃 위에서 구워낸 붕어빵이 되리라고 믿고 싶다.

결실의 계절 가을에 시집 상재를 축하하며 그 앞길에 문운이 함께 하기를 바란다.

| 시인의 말 |

두 번째 시집을 내기 위해
잡다한 재료들을 넣고 불을 붙여보는 내내
얼굴이 먼저 발갛게 달아오릅니다.
일상에서 얻어지는 풍부한 재료들은 많지만
그것들을 담고 요리할 나의 솥의 용량과 성능이
아직은 많이도 어설픔을 알기 때문입니다.
걸핏하면 설익거나 죽이 되어버리는 詩
그 민망함을 밥솥 탓으로 돌려봅니다.

눈이 멀어 귀가 닫혀
남보다는 나를 먼저 위로하느라 급급해진 나머지
날마다 가라앉는 앙금만을 퍼냈습니다.
다행히 내 안에 아직은 고갈되지 않은 작은 위로의 말들이
자꾸만 바깥세상을 구경하고 싶어 합니다.
퍼내면 다시 맑은 물이 고이는 옹달샘을 갈망하면서
풀렸던 나사를 조이고
마음 갈피에 누적된 묵은 때를 정성껏 닦아
다시금 밥을 지어봅니다.

여기 설익은 밥일지라도
누군가의 가슴에 한 수저 따듯한 양식이 되어준다면 좋겠습니다.
탐스럽게 입을 벌려 맛있게 자시는 모습을 꿈꾸는 동안
나의 밥솥은 모락모락 쉴 새 없이 김을 내뿜을 것입니다.

언제나 격려를 아끼지 않는 가족과 친구들 그리고 문우님들
서문과 서평을 남겨주신 두 분 선생님께 감사를 드립니다.

마정인

c·o·n·t·e·n·t·s

1
가을 사랑

2
예감

3
풀꽃 여인

4 누군가 그리운 날은

5 가을이 오는 길목에서

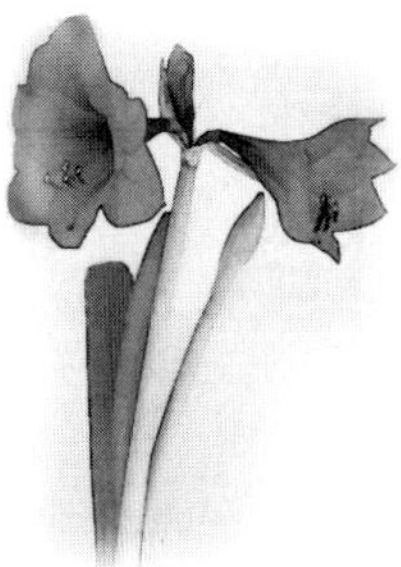

풀꽃 여인

1
가을 사랑

또 한 해, 우리는
사랑하는 이의
만찬을 위해
쓰라린 외로움을
기꺼이 삼킨다
끝이 없는 그 길
사랑의 길이다

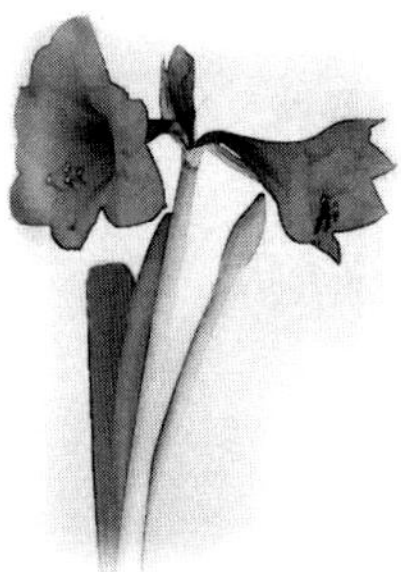

• • • • • • • 풀꽃 여인

가을이 오면

가을이 오면
붉은 고추와 호박오가리
가지며 토란줄기가 널려 있는
너른 마당의 멍석 위에서
이 계절 보란 듯이
가장 황홀한 조명을 받고 싶다

마당귀 활활 타오르는
칸나며 사루비아 꽃잎에
지난날의 적막 혹은
뒤척이던 바람소리를
골고루 잘 구워낸
잘 익은 생의 주인공이고 싶다

따사로운 가을볕 아래
의기양양 몸을 뉘인
저 수고로운 삶들의 축제
이 아름다운 계절
사랑하는 그대 앞에 놓인
오통통한 기쁨의 열매이고 싶다

사랑인가요

신록의 돗자리를 깔고
손짓하는 5월의 숲

한 아름 피어있는
하늘의 꽃구름처럼
그리움의 먼발치
문득문득 그대도 피어

볼을 간질이는 연두 바람
눈 감아도 그대 손길인 듯

찔레꽃 덤불 사이
하얗게 흔들리는 이 마음
사랑인가요

오직 사랑뿐

무논의 개구리들
짝을 부르는 사랑의 찬가

개굴개굴 왜글왜글
주거니 받거니

한여름 밤 미끈 달아오른
뚜껑이 허공으로 들썩

후룩후룩 눈치껏
장막을 치는 빗줄기

그래그래,
들끓는 한 세상

눈 감는 그날까지
서로가 할 일, 오직 사랑뿐

소나기

하늘도 가끔은 가슴앓이를 한다
아, 산 위의 가슴
가슴 위에 잿빛 멍울

아름다움 뒤에 오는
아픔의 파편들이
가끔은 마음을 흔들어 놓아

조각조각 구름을 찢고
좌르르
억장이 무너지면

지상에선 알록달록한 우산들이
고개를 갸우뚱거리며
쏴아 쏴아 시를 읊는다

초여름 한낮
한바탕 진저리 치던
하늘의 눈시울이 붉다

당신 없이도 뜨는 달

우수 지나 경칩인데도
손이 얼음장처럼 시리네요

나는 짐짓 생각이나 난 듯
당신과 함께 손깍지 꼈던 것 마냥
슬며시 양손을 껴보았는데요

새순처럼 올라오는 그리움만
아리아리동동 눈빛을 흐리는데요

어쩌자고
어찌하라고

당신 없이도 저 달은
봉긋 떠올라 쓰리쓰리동동
뼈마디까지 환히 시리게 하나요

칩거

표고버섯이 담긴 봉지를 들춰보니
어라, 칩거 중인 동반자가 있었네
버섯과 동색(同色)인 가랑잎 하나

길을 잃었느냐
아니면 사랑 찾아
야간도주라도 했느냐

나도 너처럼
사랑 찾아 길을 잃고 싶다
그의 품에 오래도록 숨어들고 싶다

그대 창가에서

그대 마음을 적시기에는
내 한 뼘 가슴이 너무 초라해
비바람 목말을 타고 갑니다
그대 집 앞에서
잠시만 머물겠습니다

커튼 사이로 어룽거리는
희미한 형광등 불빛
그리움에 보채는 신음소리
아직 잠들지 못한 당신의 실루엣이
나의 동공을, 귀를 쫑긋하게 합니다

당신의 유정한 눈빛을 마주치며
마음 열어본 지 얼마나 지났을까요
바람이 빗방울의 음표로
그대 창가에서 헤아리다보면
이 밤이 다 지나갈지도 모릅니다

불변의 사랑

내가 그대를 사랑함에 있어
나는 그대의
편안한 쉼터이고 싶습니다

낡은 의자가
세월의 무늬를 수놓으며
흔적을 말해주듯

그대가 내 안에 걸터앉아
오랜 시간 시를 읊조리며
훈풍의 손길로 머무르실 그 자리

그대가 나를 사랑함에 있어
그대는 내게
불변의 낙관 또렷이 새겨주십시오

내게도 그런 사람 있습니다

코끝이 쨍하니 시린
추운 겨울 아침
들길을 걷습니다

빈들은 가없이 고요한데
가만히 보니
바람을 등지고 앉은 이슬
마른풀에게도
젖을 물리고 있습니다

내게도 그런 사람 있습니다
메마른 입술, 타는 목마름
촉촉이 적셔주는

다시 또 시를 쓰며

오늘도 끝내 이별하지 못했다
다시는 안 볼 것처럼 싸늘히
등을 돌린 이 밤, 헉헉
나는 누구를 위하여 또다시
유폐된 언어와 씨름하는가

홀로 경이롭고 홀로 서글프던 노래도
아침이면 홀연 사라져버리는 몽매인 것을
비듬 털듯 탈탈
허물 벗듯 스르륵
그렇게 너를 떨쳐내고 싶었건만

그런데 도대체 이게 뭐람
간 밤 내리는 비 몇 방울에도
이 맘 주체할 수 없이 향기로워져
뾰루지처럼 돋는 꽃망울 하나에도
이 가슴 형용할 수 없이 너그러워져

버터처럼 미끄러지는 감성 몇 조각
퍼즐을 맞추듯 생각의 즙을 짜내는
젖은 모래 끌어안듯 털썩
끝내 돌아서지 못하고 주저앉고 마는
아편 중독처럼 집요한

미친 사랑

사랑을 거론하며 술을 마신다
술술 넘어가는 모든 이념들, 짠짠

처음 첫 잔처럼 짜릿한 사랑은
연꽃처럼 홀연히 물속에서 피어나고

처음 같지 않은 사랑은
술잔 속에 갇힌 엉킨 구름처럼 몽롱하고

오호, 술 취한 사랑 참 공평도 하지
생각수록 영특한 저 맑은 소주

가을 사랑

누군가 사랑하는 마음이
남아있을 땐
길은 멀어도
메마른 대지일지라도
우리는 길을 걷는다

방울소리 울리던 대추나무
사랑 한 움큼씩 털어주고
몸이 마른다
잘게 쪼개 쓰던 시간 위에
가을볕이 노랗게 탄다

또 한 해, 우리는
사랑하는 이의 만찬을 위해
쓰라린 외로움을 기꺼이 삼킨다
끝이 없는 그 길
사랑의 길이다

훈계

그는 사시사철
단벌신사

먼지에 얼룩질까
눈비에 적실까

애지중지
털고 닦고, 쓱쓱

아, 고양이 선생

마음껏 먹고 입고 마시며
허세의 날카로운 손톱을 할퀴던 우리

살림이 어려울수록 저 검소함
아무렴, 본받아야지

빈들에서

모두가 떠나가는 빈들
덤불사이 야윈 강아지풀
살랑살랑 또 살랑

하늘의 구름을 쫓다
바람의 풍선을 보았더냐
가도 가도 지평선

그랬었구나, 너도
많이 외로웠구나

햇살에게든 바람에게든
살랑, 끊임없이 살랑대는
저 천진무구한 그리움
평화로운 빈손이여

꽃밭에서

내가 사는 가난한 임대아파트 화단
한 뼘 땅에 저마다 고운 이름을 달고
예쁜 꽃들이 한창이다
사는 일 바빠 가꾸는 이 없어도
고단한 마음 눈길 줄 여유 없어도
바람이 풀씨를 심어놓고
햇살이 꽃씨를 품어놓은
옹기종기 피어있는 향기로운 선물

단칸방 아랫목 한 이불 속에서도
저마다 다른 색깔의 꿈을 꾸던
어우렁더우렁 우리 육남매처럼
바람과 햇살 한 접시씩
골고루 나눠 먹고 자라난
정다운 꽃들이 화단에 한창이다
작은 공간을 가득 채운 저 맑은 천사들
때론 가난이 풋풋한 그리움을 불러낸다

고등어자반 한 손

생의 갈림길에서
조금씩 기울어가는
그의 등을
부드럽게 품고 있는 그녀
아직은 떨칠 수 없는
한 줄기 푸른 빛 굽은 등 비늘
바다를 향한 꿈
저리 깊고 푸르렀으리
조용히 서로를 적셔주는
저 아득한 포옹
아귀다툼 말자던 맑은 사랑
그러나 질척한 생을 딛고 온 뒤안길
정제되지 못한 욕심의
얼마큼의 투명한 눈물을 쏟아내야
사랑하는 그대 앞에
아련한 추억의 소금 꽃이라도 될까
그의 등을 안고
그의 고뇌를 품고 있는 그녀

영원한 사랑을 위하여

기약 없어도 곡진했던 사랑은 영원하리

사는 동안 살아있는 동안
남겨져 있을 향내, 그 유정한 추억들
내 안에 길 하나 내어 흐르면 그만인 것을

프로펠러를 달아줘도
한 발짝 날지 못할
무거워진 몸아, 마음아

쇠잔해지는 석양 앞에선
마음 안 아메바 촉수가 핥던 욕망
그리고 슬픔과 고독의 입자들 비워야만 하리

삭힌 통증은 끝내는 거름이 될 터이니
싹 틔울 한줌 보드라운 흙이 되어
그대 지친 영혼을 품어줄 수만 있다면

행복하고 따스했던 기억의 향기로
처연히 대지 위에 내려앉아
고요히, 고요히 입 맞추리니

가을비

어깨를 감싸주던
낡은 니트의 올이
호르르 풀려나가고 있습니다
한 올
또 한 올

흉흉한 바람 들기 전에
마음에 서리 앉기 전에
내가 먼저
당신을
보내드리렵니다

한 올 또 한 올
풀잎이 눕고 풀벌레 울음이 젖고
아 당신과 나 사이
따스했던 추억들이
어름어름 젖어들고 있습니다

복분자주

저무는 가을 산행 길
정상에서 마시는 복분자주 한 잔
그 빛 고운 밝은 액체를
그 맘 삭힌 붉은 가슴을
내 안에 털어 넣으면
캄캄한 속내 환해질 수 있을까나

여전히 산마루엔
가시처럼 매운바람의 채찍소리

오래 삭혀 허물어트린 분자들
그리움의 눈물 붉게 토해내는
그 맑고도 아릿한 맛 한 모금으로
내게 무슨 재주 있어
이 한 계절 잠시라도
가슴 한번 곱게 물들일 수 있을까나

개망초

그 누가 불렀더냐
들녘에, 묵정밭에
꿀렁꿀렁 밀물져 오는
함성소리 요란도 하다

피고 지고
비바람 매를 맞고도 또 피는
무지몽매한
너의 생이 눈물겹다

하긴, 어느 누군들
명경같이 환한 날만 있으랴
피고 지고 또 가까스로 피는 일이
우리네 삶인 걸

2
예감

왠지 비가 올 것만 같다
가슴 언저리
뭉클 끌어안고 있는
물구름 한 동이 찰랑 찰랑

미장원에서

우리 동네어귀 키 큰 미루나무
하얀 구름 목에 두르고 머리를 깎는다
풍상의 물결대로 다듬어진
그의 머릿결은 금빛 햇살을 닮아
올려다보면 사뭇 눈부실 때가 있다
간간히 바람에 뒤집힐 때
세치도 언뜻 보였다가 사라지곤 하는데
매년 똑같은 헤어스타일에 싫증난 나무는
가끔씩 머리카락을 헝클어
성난 허리케인처럼 시위를 하기도 하고
햇살이 기죽은 틈을 타서
머리에 물감을 들여 보기도 한다
아마도 도시 빌딩 그늘에서
힙합스타일로 자라는 가로수가
엄청 부러웠을지도 모른다
아무튼 몇 날 동안 이어지는 머리손질
자연 머리 어쩌고 하면
가격이 제법 만만찮을 텐데
무이자할부 카드결제는 잘 되려나

사랑초

나비처럼 날고 싶었다

내 안에 둥지를 틀고
촉수로 어루만지던 그리움
오랜 칩거의 허물을 벗고

구름에라도 닿을 듯
가벼이 훌훌 가벼이 훌훌
너의 기억 한 아름 꽃으로 피웠다

빗장 없이도 잠겨있던 어둠의 밤들
무릎 꿇고 기도로 사무치던 그 자리
어떤 그리움의 문양이 새겨 있는지

보았는가 사랑아, 나의 날개를

능소화

참 많이도 기다렸습니다
눈물샘마저 다 말랐습니다

어느덧 세상은 저물어만 가고
무량한 그리움만 담장 밖을 응시합니다

그대가 밟고 떠나가신 길이
문득 새 길처럼 낯섭니다

절퍼덕, 몸 먼저 주저앉을까 두려워
담장을 꼬옥 붙잡고 있습니다

애타는 가슴 용암처럼 녹아내릴지라도
그대, 그대 향해 피어있겠습니다

내게 온 인연

저녁 해거름
서산마루 등지고 돌아오는
일상에 지친 긴 그림자

말도 없이 말도 없이
구름 한 점 거품 내어
다함없는 정성으로
발목 닦아주는 그대 호수여

이름 모를 별빛 호수에 내려와
은빛 물비늘 입 맞추듯
살다보면
좋은 인연의 꽃 피울 날 있지요

지친 마음 살포시 어루만져주는
그대 손길은 부드러운 약손
나의 물살은 아름다운 노래

오늘은 비(雨)요일

창 밖에 톡톡 문 두드리는 소리
벌써 청진기를 들고 오신 그대여

들리시나요, 내 마음
환희로 가득 찬 사랑의 언어들

물이 가고 배가 오듯이
들리지 않아도, 말하지 않아도

그대와 나 사이
조용히 흐르는 신뢰의 강

오늘은 비(雨)요일
하늘과 땅이 서로 마음 섞는 날

추억의 꽃 한 뼘 키가 크네요
행복의 노래 흠뻑 적셔오네요

길 잃은 나비

나비 한 마리 사랑에 빠졌나보다

한낮동안 가슴으로 파고들던 그리움의 날개
미숙한 어둠이 지상을 물들이는 저녁부터
나방도 아닌 것이 먼데 불빛을 좇는데
레일을 달리는 창문 많은 전동차
종착역을 향해 빼곡히 실려 가는 삶들
그 중 어느 못 잊을 사랑이 보고파서
시간마저 잊은 채 저리 좇고 좇는지

전동차는 떠나고
그대에게 가는 길도 끊기고
며칠째 달도 뜨지 않는 밤
철로에 자리 펴고 앉은 저 무심한 자갈들만
호득호득 서로의 시린 몸을 애무하는데
허방뿐인 아련한 어둠 속
아 무정한 별빛은 어디쯤에 있는지

사랑의 길을 잃은 나비 한 마리
그 아픈 가슴의 통증으로도
아린 꽃잎 한 장 틔워낼 수 있을지
그대 가슴에 환한 꽃불 켜는 일
아득한 꿈속에서나 볼 수 있을지

바람이 불어도

바람이 부는 날이면
누구나 옷깃을 여미고
몸은 한껏 움츠러든다

지금 문 밖 세상은
맵짠 바람이 불어와
몸과 마음이 더없이 시리다

지상에 두발 뿌리를 내렸다지만
어찌 바람이 불면 흔들림 없으랴

더러는 서러운 무릎을 꿇겠지만
우리는 바람 앞에서 온몸으로
팔랑개비처럼 당당히 맞서 볼일이다

오늘의 찬바람 고샅길에 발걸음 멈추고
내일의 꽃씨를 물고 올 것이므로

너는 왜 울었니

해마다 봄밤이면
어김없이 찾아오는 울음소리들
소쩍새가 소쩍소쩍 속 짜듯 울고
개구리들 와글와글 합심 기도하듯 울고
들녘이 엎드려 설피 우는 이유를 몰라
나도 끝내 악보도 없이 숨어 운다

가슴이 뜨거워진다
아아, 울음도 불꽃이었구나
심연의 깊은 곳에서 불을 댕겨
늑골까지 태워야만 비로소
남의 설움도, 미움도 태울 수 있는 것을
슬픈 영혼을 위한 득음의 소리인 것을

배고파서 우는 줄 알았지
임 그리워 우는 줄만 알았지
나만을 울던 물코 같은, 덧없는 세월아
보리 겉껍질 같던 못난 울음아

예감

왠지 비가 올 것만 같다

가슴 언저리
뭉클 끌어안고 있는
물구름 한 동이 찰랑 찰랑

좋아한다고
사랑한다고
고백하고 싶어 안달 난

봄바람이 먼저
답사를 마친 듯
코끝에 살랑 살랑

어쩌면 오늘
봄비 쏴아 하니
비밀 한 주머니 터트릴지도 몰라

갈등

나의 일터는 강남구 청담동에 있다
거리엔 명품관과 클럽으로 휘황찬란하다
낮에도 밤에도
고급 승용차가 수없이 다녀간다

내가 사는 양주에도 청담마을이 있다
지명조차 기억 못 할 실개천에
낮에는 햇살이
밤엔 별들이 말없이 다녀간다

나에게 묻는다

너는 도대체
어느 곳에 머물고 싶어
안달이 난 것이냐

뭉게구름

누군가
새 살림을 차리려나 보다

새 솜 한 아름
수레에 싣고 가는 가을하늘

한 시절 적요하던 삶
시름으로 밟힌 묵은 먼지를 털고

누군가 사랑을 시작하려나 보다
시작이라는 말, 참 좋다

항해

짙푸른 수평선 너머
아득한 시인의 길

나는 그대 가슴 안
정박된 한 척의 나룻배

이 밤 내
꼭 가야만 하는 양

까딱까딱 심혈의 몸부림
아픈 제 살만 도려내는

가을꽃

네가 서 있는 그 언덕
고독으로 흔들릴지라도
아픔의 가슴 쓸어내릴지라도
너의 슬픔을 사르는 혼불로
우리는 위로의 들판을 건넌다

그러니 꽃이여 피어나라
꽃이라는 이름만으로
세상이 따뜻하다
너의 고고한 마음을 간직한 채
사랑에 눈이 멀고 싶다

백로(白露)

마른 입술이 탄다
사루비아 꽃잎을 찍어
화장을 고쳐본다

어느덧
살아갈 날보다
살아온 날이 많다

이쯤에서 돌이켜보니
슬픔으로 젖어있던 날들도
아름다운 삶의 꽃이었도다

찬이슬 한 방울로도
달랠 수 있는 마른 입술의 갈증
고마운 일이다

이별은 만남의 시작

안녕이라는 인사도 없이
숲의 나무들
먼 길 떠날 준비 한창이다

도톰하던 초록의 잎사귀들
애벌레들이 젖을 빨던 흔적
저마다 새겨진 문양 다채롭다

누군가의 곁을 떠난다는 것
감격으로 어룽대던 여운은 짧고
뒤돌아 두고 온 길은 참으로 길다

토도독 흙냄새를 풍기며
떨어지는 도토리 열매
흩어진 추억을 한줌
주워 담는 노인의 휘어진 등

시간을 감던 쳇바퀴의 흔적들은
모두가 둥글다
계절이 기우뚱 잠시 저무는 시각에
가벼이 날아가는 새가 되는 꿈을 꾸자

이별은 만남의 시작
이쯤이면 불현듯 붉게 번지던
슬픔의 얼룩마저 아름답다
모두가 흙에서 만날 테니까

꽃밥

소요산자락 아름다운 능선
차양 치고 있던 빛 고운 진달래
눈부신 꽃그늘 속으로
자꾸만 손목 잡아끄네

눈도 마음도 허기진 날
쉬어가라고
꽃밥 수북이 쌓아두고서
쉬어가라고

습자지처럼 얇은 꽃잎마다
드맑은 피가 감도는
저 꽃밥 한 사발 먹으면
탁한 마음도 정제되겠네

꽃밥 앞에서 또 생각나네
그리운 그 사람
어쩌나,
저 꽃들, 꽃들을

소나무

사랑하는 이 그리워 흘리는
눈물은 사치스럽다

새들의 노랫소리보다
바람이 더 많이 머물다 가는 숲
오늘도 굽은 몸 곧추 세워도
외로움 바늘 끝에 찔리는 아픔인들
삶의 번뇌인들 어찌 없으랴
솔방울 짤랑짤랑 보채는 날
고독한 마음 어찌 흔들리지 않으랴

살다보면 언젠가는
만날 수 있으리란 간절한 염원이
푸르게, 푸르게 솟구치는 한
사랑하는 이 그리워 흘리는 눈물
아직은 사치스럽다

변하는 건 내가 아니라
사시사철 흔들어대는 바람
혹은 알량한 사랑의 눈높이
송화가루 꽃잎처럼 분분히 흩어지는 날
명경 같은 하늘 우러러
내 그대를 사랑했노라 비로소 고백할지니

만월(滿月)

사랑했던 시간은
폭포처럼 뛰어내리고

어쩔거나
다정했던 그대는 간데없고

그대 품에 안겼던
흥건한 그리움만 찰랑찰랑

어쨌거나
가신님은 좀처럼 잊히지 않고

달빛 홀로 한 잔
또 한 잔 기울일 밖에

땡볕

숯다리미 같은 햇살
쭉쭉 스쳐간 자리마다

엉켜 있던 구름장
홑이불처럼 바짝 말라

널리 널리
허공에 펼쳐지고 있다

하던 일을 잠시 멈춘 바람이
짱짱하게 맞잡아주고 있다

여름 한낮 달궈진 화력 한번
꽤나 다부지다

악수를 청하다

숲길을 걷다보면
꽃이든 나무이든
치열한 삶을 통과한 훈장으로
모두가 펄럭이는 푸른 깃발을 꽂고 있다

저마다의 가슴에 이름표를 달고
자벌레를 키우고
늙어 골다공증을 앓을지라도
청솔모의 별장이 되어 주고
땅에 떨어진 명예, 한 장 낙엽 되어
굼벵이의 먹이가 기꺼이 되어 주고 있다

새들의 노래를 품에 모두고
빛과 향기로 어우러진 숲의 꽃에게
눈물과 인고로 울울한 나무들에게

만약 내가 조신하게 옷매무새를 고치고
아는 척 악수를 청한다면
꽃들은, 나무들은 선뜻 받아줄라나

이름 석 자 명함 내밀고
한 표 부탁하는 어르신네도 아닌데
하루 벌고 하루 먹는 가난한 내게도
그 자애로운 손바닥을 붙잡고
뜨겁게 비벼볼 기회 한 번 주시려나

도라지꽃

천 년 전설 같은 저 하늘
간절히 우러러
별 하나 가슴에 품고 싶었다

그대를 맘에 가두고선
날선 종이처럼 가슴 베이며
불치병처럼 앓고 있는 그리움

낮밤 기도로 펴 올리는
아릿한 슬픔의 향기
날이면 날마다 짙어만 가는데

어쩌다 올려다본 먼 하늘
서럽게도 맑은 쪽빛이다
울려 퍼지는 종소리 낭랑도하다

3
풀꽃 여인

새벽이슬을
밟고 오는 그대여
대지 위에
몸을 푸는 여인이여
속살거리는 바람아
눈 감아다오

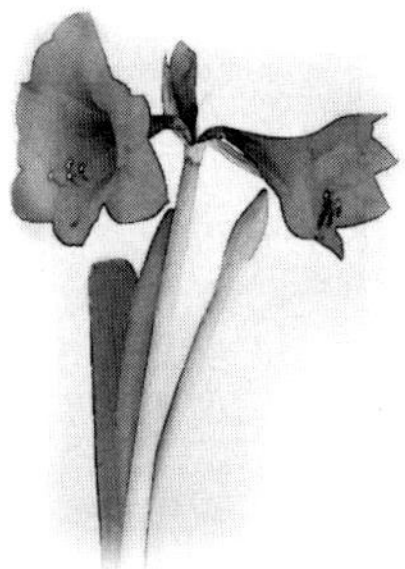

풀꽃 여인

비 그친 후

날선 풀잎 시름시름 뉘이고
여름 비 지쳤나보다
설설 물러가는
먹장구름 꼬리에 핏발섰다

살아야지
살아내야지

소주 석 잔에 누린 순댓국
울컥 밀어 넣고
문득 올려다보는 석양
입안에 맴도는 청양고추 한 조각

매웠다
너무 매워
눈시울 발개진 하늘이 있었다

사랑의 터널

모진 바람이 불어도
훽 날아가지 않을 사랑
가슴에 고이 묻어두었네

길고 긴 터널
그래, 어쩌면 길고 길 고통의 터널
세월의 매연이 낄지라도
바람구멍이 숭숭 들지라도
사는 동안
사랑했던 기억 하나로
기꺼이 늙어가겠네

미욱하기 그지없는 나만의 사랑법
한줌 흙으로 해후 할지라도
언젠가는 밀감 빛 햇살을 만나겠지

꽃은 피었는데

그대 떠나고 나니
나무들도 초초히 날개를 접더라
무정한 세월은
흐득흐득 흐느끼며 가는데

텅 빈
텅 빈 가슴에 흐르는
뜨거운 강물, 에돌고 돌아
욱욱 언 뿌리를 적시더라

그렇게 아프게
꽃은 피었는데, 다시금 오도카니 피었는데
슬픔의 향기 한 홉 그리움으로 남긴 채
그대는 영영, 어디에도 없구나

부부

바늘 가는 곳에
실도 따라간다는 말이 있다

바늘은 용감무쌍하게 앞장서서
실이 잘 따라올 수 있도록
생의 어두운 통로를 뚫어주면
통로를 빠져나온 실은
삶의 무대에 수를 놓으며
야무지게 문단속을 한다

살다보면 사소한 실수로
아옹다옹 다툴 때도 있지만
미안해, 고마워, 사랑해 그 한마디에
솜사탕처럼 녹을 수 있는 그들만의 영역

바늘은 위엄을 지키며
녹슬지 않도록 부지런히 갈고 닦고
실은 지혜롭게 엉키지 않도록
요모조모 살피고 정돈하며
반짇고리에서 각자의 자리를 지킨다

오늘 아침도 바늘과 실
일상의 첫걸음 힘차게 내딛고 있다
둘이서, 나란히

나는 색깔 있는 여자이고 싶다

나는 색깔 있는 여자이고 싶다

겨울날에 삼킨 차가운 유리창 너머 풍경을
성에꽃으로 피울 수만 있다면, 사랑이여
그때에 자신 있게 입을 맞추어다오

뜨거운 그대의 입김으로 점화된
곰삭고도 뭉근한, 한 잔의 대추차 같은 여자
달달한 여운이 남는 그런 여자이고 싶다

색깔의 마디는 온전히 그대의 몫
붉은 심장의 가슴이거나
혹은 서늘한 보랏빛 이마

난 그저 언제까지이고
그대 가슴을 통과한 프리즘처럼
순결한 눈꽃의 하얀 마음이려니

그대여 내게도 꽃각시 닮은 봄날이 오면
연두저고리 걸친 싹 하나 야무지게 돋을 수 있을까
지레짐작도 할 수 없는 하 수상한 이 계절……

빗속의 연가

부슬부슬 비가 내립니다

그리움으로 사무치는 밤
응집된 눈물의 뿌리가
한 올 한 올
가느다란 실처럼 풀어집니다

창밖의 가로등, 젖은 불빛이
지상의 별처럼 반짝이며
나긋나긋한 그대의 목소리인양
내 마음을 적셔댑니다

이 비 그치면
우울로 젖은 날개 벗어버리고
마음 구석구석 꽃단장하고
그대 앞에 환히 서고 싶습니다

허무한 날의 비망록

하룻밤쯤 은밀한 사랑을 하고 싶다
내장에 낀 찌꺼기를 버리고
마음의 지방질을 비워내 버린 나는
이즈음 검불처럼 가벼우니
훈훈한 가슴을 가진 바람이여
민들레 홀씨 물고 가듯
이 몸을 무등 태워 가다오
그대 맑은 피가 흐르는 길목이라면
자그마한 오두막이어도 좋으리
담배연기 결은 장지문을 닦아
갓 바른 창호지에 밀풀 향기 마를 즈음
팽팽한 햇살이 통통 북을 울리리
밤이 되어 속살거리는 풀벌레 소리
섬돌까지 물밀듯 밀려와도
눈썹을 치켜 뜬 달빛
쪽마루 끝에 부딪혀 꽂혀도
내 마음의 길을 모두 지워버리고
하룻밤쯤 은밀한 사랑을 하고 싶다

행복이란

행복하다는 느낌은
어느 별에서 흘러 들어온 감정이냐

우울증을 앓고 있는 내게
딸아이가 시를 지어 이메일로 보내온
언뜻 뺨을 후려치는 듯한
그것도 되바라지게 반말로 휘갈긴
시의 첫 구절이다

멀리 있는 딸의 숙소엔
지금 비가 부슬부슬 내린다는데
그 비의 향기로 행복해진 느낌을
잠 못 이루는 내게
선물하고 싶었다고 한다

따뜻한 딸의 감성이
서늘한 나의 감정을
포근히 감싸 안아 주는 이 밤

오오, 그렇구나!
행복이란

서로의 감정을 한 호흡으로 공유하는 것이구나
한마음의 감성을 여럿이 나누어 갖는 것이구나

행복론 만큼은 딸이 내 스승이로다

풀꽃 여인

때론 가던 길 멈추고
어디든 머무르고 싶을 때가 있다
슬픈 옷가지 가지런히 벗어 두고
몸 부비며 꽃 피울 수 있는
따뜻한 가슴이 그리울 때가 있다

새벽이슬을 밟고 오는 그대여
대지 위에 몸을 푸는 여인이여
속살거리는 바람아 눈 감아다오
사랑은 이슬처럼 짧게 빛날지라도
추억만은 긴 여운으로 아름다우리니

그런 날이 내게도 올까

나를 아끼는 지인 중에 더러는
밤잠 설쳐가며 시를 쓰느라
더욱 아픈 것 아니냐고 반문하신다

나는 시 쓰는 일에 몰두하다 보면
그 시간만큼은 조금이나마
아픔의 고통을 잊는 것인데

젠장, 지금은 되잖은 시만 써대니
그저 묵묵무언 난감해 할 뿐
아무튼 명작 한편이라도 나와야
옳다거니 통쾌하게 우길 수 있으련만

붕어빵

붕어빵을 샀다
천 원에 세 마리
봉지에 담아 가슴에 품으니
은은히 스며드는 이 따스함
체감온도는 얼마 정도일까

물길의 기억을 지우고
뭍에 나와 훈훈한 입김으로
여러 가슴에 닿을 때까지
행복한 울림을 안겨주는
붕어빵이 쓰는 달콤한 몸 詩

입동

온통 신열로 들끓던 가을
그대를 떠나보내고
먼 산을 바라봅니다

오동통 초록 물 넘치던 잎들
붉은 깃털 같은 영혼으로
얼핏 떠올랐다 사라져버린 숲엔

어느덧
크고 작은 바위들의
시린 무릎이 보입니다

허둥대던 지난날의 일상이
빈 가지에 얹혀
희끗 새치를 휘날립니다

싸아 저려오는
가슴 밑바닥의 허기
따뜻한 국밥 한 사발로 달래봅니다

시계의 바늘을 묶어두고

눈 내리는 아침이면
좀처럼 눈을 뜰 수가 없다

지상의 오염된 모든 이야기가
꿈속으로 파묻히는
하얀 침묵의 축제 속으로
시계의 바늘을 묶어두고
한 사나흘 동면에 빠지고 싶다

나를 중심으로
고요히 쌓일 따듯하고 동그마한 봉분
세상에서 가장 눈부신 적막 속……
아, 이런 달콤한 평온함 또 어디 있을까
쉿! 지금은 취침 중

겨울햇살

조막만한 주먹을 쥐고
햇살이 숲길로 반짝 들어선다

아이고, 허리야
몸살 앓는 겨울나무
산그늘 검게 멍든 등허리
톡. 톡. 톡.
겨우 몇 차례 두들겨주고

통. 통. 통.
방문 활짝 열어젖히고
꽁지가 빠지게 내빼는
손자 녀석 발꿈치 같은
오호 그 녀석

다시금 몸 추스르게 하는
겨울 한줄기 희망의 빛

꽃 앞에서는

꽃 앞에서는
어떤 꽃이 더 예쁜지 논하지 마세요

생각은 고루 있어도
혀가 없어 입술만 여는 꽃들은
사실은 겨울을 횡단한
눈꽃의 여린 살갗이었음을

붉은 햇살에 꽃술을 그어대며
어둔 지상에 묵묵히 불을 지필 뿐
굳이 어떤 꽃이 더 예쁜지 아름다운지
발표를 부탁한 적 없잖아요

살가운 생각의 문을 조심스레 열고
하아 하아
제 안의 뜨거워진 숨결을 뿜어
절정의 색으로 자지러질 즈음
관광차에 몸을 싣는 분주한 벌떼들이여

검은 매연의 입은 꼭 다물어 주세요
따듯한 눈빛으로만 우리 이야기해요

낙화

꽃 한 송이
바람에 쿵 떨어졌네
지구가 기우뚱 기울더니
우주의 별 잠시 정전이 되었네

살아서도 죽어서도
꽃처럼
저리 무게 있는 삶
살다가야 할 텐데

기다림 깊어진 묵상의 날들
그대 눈앞에서 지워지지 않을
간절한 생이 아니었다면
꽃잎 한 장 한 장

슬픈 영혼 또 한 장
몸도 마음도 허물도 훌훌
봄비에 쓸리든 바람에 날리든
어디든 유목민처럼 떠나야하리

풀꽃 나그네

꽃씨 하나 움트는
작은 소망 가슴에 품고
먼 길 나서는 우리는
부러울 것 하나 없는 풀꽃 나그네
목이 마르면 마시리
한 모금 다홍빛 햇살
파란 하늘 또 한 모금

잎새에 이는 서걱거리는 소리는
설움 많은 바람의 넋두리이려니
어차피 잠시 빌려 쓰는 마른 대지
이름 불러주는 이 없어도
그리움의 눈물도 쓸쓸함의 흔적도
사랑하리라, 사랑하면서
이슬처럼 슬픈 길은 모두 지우리라

나 홀로 여행

훌훌 벗어나고 싶다

내 안에 꽂혀 있는
모든 스위치를 꺼버리고
내가 아닌 나를 찾아
최면 걸린 시간처럼 부재중이고 싶다

어디든 두루마리 휴지처럼
강물은 풀어져 있을 것이므로
기약 없는 종이배처럼
바람이 등 떠미는 곳으로 흘러가리라

저녁 무렵 닻을 내릴 낯선 바다
한기로 떨던 유폐된 시절들을 버리고
따스한 체온이 오래도록 머무는
붉은 노을 그 아늑한 품으로 찾아들리라

삶이 서러우면

삶이 서러우면 냇가로 가자
가슴에 쌓던 돌단 우르르 쏟고
흐르는 물에 씻고 씻으면
물이끼 낀 조약돌이라도 되지 않을까
은빛햇살 깃털처럼 내려앉을 때
물빛 어룽대는 시간들에게
초록별처럼 손을 흔들어 주자

삶은 저렇듯
냇물처럼 긴 붕대를 매고
서서히, 아련히
몽돌이 되어 가는 것
못 잊을 추억은 가슴에 묻고
겉껍질처럼 이는 물비듬은
강으로 바다로 흘려보내는 것

4
누군가 그리운 날은

가끔은 파도처럼 철썩이는
그리움 누군들 없으랴
머물고 싶은 마음을 접고
속울음을 삼켜야만
깊어지는 수심

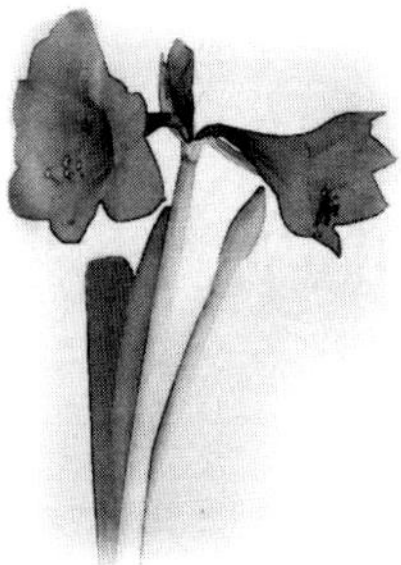

• • • • • • • 풀꽃 여인

센스 없는 가랑비

여긴 가랑비가 내려요
고양이처럼 살금살금 다가와
메마른 가슴을 적셔 주네요

그대여
그대 있는 그곳에도
촉촉이 비가 내리나요

궁금, 또 궁금하여
빗소리에 귀 기울이건만
실금만 가랑가랑 무심코 그어댈 뿐

송수신 안테나도 없는
도무지 센스마저 없는
비, 비, 저 가랑비

그대 별님으로 오신다 해도

참으로 공평하신 별님들은
실개천이든 굽이도는 강이든
귀천을 가리지 않고
우리가 잠들어 있는 한밤 내
물 위에 알들을 슬어놓습니다
보석 같은 희망의 언어들이
새아침 햇살에 부화되어
영롱함을 간직하는
물너울의 책장이 됩니다

사랑하는 이여
그대 유정한 별빛이여
가난한 나의 사랑도
한없이 물 위에 떠있습니다
오늘밤 그대 별님으로 오신다 해도
오직 내가 드릴 것은
그립다는 문장 총총 엮은
시집 한 권뿐입니다
그래도, 정녕 오시렵니까

그리움의 경계

그리움의 경계에는 구름이 떠있다
하늘과 땅 사이
사람과 사람 사이
새털구름, 때론 먹장구름

그대와 나 사이
오늘은
비늘 구름이 은빛 꼬리를 흔들며
끝없이 헤엄치고 있다

어쩌면 어쩌면
손 내밀어 닿을 것만 같은 거리
그대는 지금 어디만큼
마중 나와 서있는가

세월아

이별을 실감하겠다
여름 한낮 쨍쨍 내리쬐는 태양처럼
하냥 타오를 줄만 알았던 사랑
눈이 부셔
눈이 시려
이젠 더 이상 그대를 볼 수가 없다

사랑도 살뜰하게
나눠 써야하는 것을
폭식을 해버린 죄
쓰리고 아린 가슴의 궤양
발효된 슬픔의 멍울만
속절없이 게워내고 있다

처음엔 한 동이였다가
한 홉이었다가
조금씩
아주 조금씩
그러다보면 세월의 문턱과 친해질 것이다
그렇다고들 쉽게 말한다

하 더디 가는 사랑아, 세월아

거미

나는 거미다

한 가닥 실오라기 같은
인연의 끈 붙잡고
오늘도 줄을 타는 곡예사
이런 것이 생(生)이라는 걸까

그리움이 깊을수록
팽팽하게 날이 서는 현
허공 향해 연주하는 아쟁산조
그저 바람의 소리이려니

그러다 외로움 깊어 막막한 밤
던져보는 그리움의 투망
철렁, 어긋나는 사랑의 착지
어쩌겠나 자승자박인 것을……

아. 프. 다.
아니 아프지 않다, 나는
거미이니까

숲속에서

느릅나무 뿌리 아래
이 끝에서 저 끝으로
저 끝에서 이 끝으로
흐르는 물결처럼
개미들의 행렬이 이어지고 있다

치열한 2차선, 중앙차선을 넘지도
어느 누구하나 부딪힘도 없이
속눈썹 같은 가느다란 발을
바지런하게 굴리는 침묵의 행보가
내 시선을 붙들고 있다

세 살부터 여태 길들여진 생의 습관
뒤바꾸긴 여간 쉽지 않겠지만
개미들의 등짐을 지면서
비틀대는 수레를 밀어주면서
졸병으로라도 따라붙을 수만 있다면

그들만의 은밀한 구멍 속에 스며들어
삶의 철학 다시 배우고 싶다

비 오는 날

창밖에 비가 내린다

군불대신 전기장판을 켜고
이불 속에서 책을 읽는다

딸아이는 연애하러 나갔고
설거지통엔 내가 먹은 그릇 두어 개뿐

세척하지 않고 그냥 두어도
나무랄 이 없고

항상 그리도 보고 싶던 이
그냥 나 몰라라 마음 접어두니
이리도 세상이 여유로운 것을

하루종일
비는 길게 내리고

나도 하릴없이 길게 누워 뒹구는
조금은 쓸쓸한 날

누군가 그리운 날은

누군가 그리운 날은
강둑에 서서 흐르는 강물을 보라

폭염처럼 들끓던 사랑의 열망
한줄기 소낙비를 만나면
젖이 불은 어미처럼
더 바삐 물살을 헤집는 물갈퀴

가끔은 파도처럼 철썩이는
그리움 누군들 없으랴
머물고 싶은 마음을 접고
속울음을 삼켜야만 깊어지는 수심

사랑으로 흐르는 인연의 강
서로의 등을 어루만지며
찰랑이던 그리움의 물살 물살들
언젠가는 바다에서 만나지려니

누군가 사랑을 한다면
굽이굽이 한마음으로
유유히 흐르는 강물을 보라

세상으로 내려가는 길
— 병동에서

병실 창문을 경계로
경적을 울리며
봄은 아른아른 흐르도다

같은 하늘 빛깔 아래에서
그리움의 한 끗 차이에서 오는
푸르른 지상과 누렇게 뜨는 이 마음

그래도 살아있어 눈물겨운 날
멀리 남산의 산 벚꽃
말없이 흰 등불 켜놓았구나

여윈 눈조리개에 비치는
맑은 세상으로 내려가는 길
저기, 저기던가

불면의 날들

맑은 잠을 자고 싶다
지천명이 되도록 거품 같은 헛된 꿈
밤잠 설쳐가며 어이 내려놓지 못하나

꿈이란 오랜 소망의 그 간절함이
한 방울 한 방울씩 고이는
새벽 옹달샘 정화수 같거늘

깃털 같은 가랑잎 가벼이 지고
베갯머리 풀벌레 아늑히 노래하는
맑은 잠을 자고 싶다

구절초

손을 내밀어 꼭 잡고 싶지만
너는 지금 내 곁에 없다

얼레빗 같은 가을햇살로
머리칼을 빗어 내린다
한 움큼 빠져나오는 그리움

아무런 약속도 없는 그대에게
하늘 먹물을 찍어 편지를 쓴다

옥양목 한 필을 다 풀어써도
꽃향기 징검다리를 놓아도
눈 먼 그대에게 이르지 못한다

나는 호박이 좋더라

내가 호박이라면 얼마나 좋을까
비가 내려도 지붕이 새지 않을
튼튼한 집안에 밀감 빛 조명을 켜고
풍상에도 둥글둥글 별 근심 없이
살이 포동포동 구름처럼 오를 텐데

덩굴손은 마지막 체온까지 뻗어
가난한 눈동자에게로 담 너머 달려갈 것이고
너른 잎은 땡볕에서 열심히 일하는
개미들의 그늘 천막이 될 것이다

아마도 지상에서 제일 크고 빛나는
노란별을 훈장처럼 달고 있을 나는
예쁜 쑥부쟁이랑 눈 작은 패랭이를 불러내어
보랏빛 어둠이 이슥해지도록
조곤조곤 하늘의 별 이야기를 해줄 것이다

가진 것 지닌 것 꼼꼼히 다 내어주고
달달한 여운, 둥근 웃음 푸짐히 남기고서
마침내 흙으로 돌아가는
그런 호박이 나는 눈물나게 좋더라

겨울나무 1

수없이 떨어지는 별똥별을 보며
그가 익힌 사랑법은 침묵

입 밖으로 뱉어서는 안 될
사랑한다는 그 말 가슴에 담고
싸르락 싸르락
바람의 치마폭 홀로 마름질 하며
아슴아슴 앓는 겨울날

마른기침 쿨럭이는 빈 가지
뼛속의 고독을 적시는 수액
그 눈물로도
어쩌면 끝끝내 닿지 못할 애틋한 사랑

달콤한 사랑은 내 것 아닌 양
싸늘히 돌아앉아 침묵하는 그대여

겨울나무 2

그녀는 울지 않는다
우는 법을 잊기로 했다
늑골 찌륵찌륵 저려오는 외로움
꿀꺽 삼켜야 할 나이라지만
어찌 감성마저 메말랐을까

손깍지를 꼈던 손이 헐거워지고
사랑한단 말 대신
바람이 한차례 썰물처럼 빠져 나간 뒤
그녀의 몸은 사뭇
고무풍선처럼 주글주글해졌다

사랑으로 받든 죄 값
잎잎이 털어내도
몸 가벼워지는 날개도 없이
다만 하늘 향해 내미는 차가운 손
별빛 내려와 잠시 그녀를 품어준다

봄볕

간밤 한바탕 봄비가 내리나싶더니
지상 구석구석 물청소를 했나보다
모처럼 깨끗이 세수를 한 뜰에

다정다감한 봄볕이 내려와
풀잎의 눈물자국을
치맛자락 펼쳐 닦아주고 있다

옳거니, 나도 이참에
질척하니 젖은 가슴
봄볕에게 은근 내밀어봐야지

장마

접시꽃 층층이 만찬을 차려놓았더니
오실 이는 아니 오고
불청객만 찾아 드는군

한번쯤 그냥 지나칠 만도 하건만
오실 이는 아니 오고
그리움만 눅눅히 달라붙는군

뭉개진 꽃잎 위에
채 아물지도 않은 상처나 덧나게 하고
이윽고 가슴 명치끝을 짓누르던
아릿한 기억마저 범람하려는가

해 설핏했던 날이라든가
한때 뽀송뽀송하게 웃음 짓던 날들
자연의 이치 여차하면 잊힐까
상기라도 시키려는가

급기야 양동이로 쏟아 붓는
기어이 필연처럼 찾아온

하산(下山)

욕망 가득 불룩해진 산등성이
마음에 단단한 길 지르밟고
숨 가쁘게 정상에 오르니

손을 내밀면 한줌 허공뿐
닿을 것만 같던 하늘은 여전히 높고
구름은 흘러 흘러가는데

바위에 걸터앉은 바람
기인 휘파람 불며
내려가라 등 떠미네

연무 난무하는 하 어지러운 세상
벼랑에, 하필 벼랑에 뿌리내린 나무
서늘한 우리의 삶을 닮았구나

삶이 여물어질수록
낮게 포복하며 사는 법 왜 몰랐을까
햇살도 빗물도 하늘에서 내려오지 않더냐

헛된 꿈일랑 구름 위에 실어 보내고
실의로 얼룩진 묵은 외투 벗어두고
그래, 그만 내려가자 사람들아

초원을 향하여

기축년 새봄은 어김없이 왔건만
캄캄한 마음들 어찌 이리 시린가

우리는 지금 하이에나 같은 불황을 피해
초원을 향해 달리는 누 떼처럼
발목 푹푹 빠지며 엎치락뒤치락
늪 같은 문명의 강을 건너고 있다

어디라고 할 것도 없이
치통을 앓던 일터마다
드문드문 실직의 이가 빠져나가
매일 아침 출근길 마을버스에서
눈인사를 주고받던 이웃도
벌써 몇몇 보이지 않는다

세상만사 애면글면 달리고 싶어도
가파르게 깊어만 가는 어둠 속
한 발짝만 잘못 내딛어도 폐허의 늪
내가 지닌 한 뼘 우산으로는
거센 풍파 홀로 막을 수는 없는 것

우리는 손에 손을 잡고
격랑을 헤치며 강을 건너야만 한다
서로서로 맘 기대며
푸른 초원에 다다를 그날을 위해

불면의 날들

맑은 잠을 자고 싶다
지천명이 되도록 거품 같은 헛된 꿈
밤잠 설쳐가며 어이 내려놓지 못하나

꿈이란 오랜 소망의 그 간절함이
한 방울 한 방울씩 고이는
새벽 옹달샘 정화수 같거늘

깃털 같은 가랑잎 가벼이 지고
베갯머리 풀벌레 아늑히 노래하는
맑은 잠을 자고 싶다

5
가을이 오는 길목에서

찬바람에 서로 옷깃을 여며주듯
그대와 나의 사랑도
한 겹 도톰해지겠지
안녕, 그대 닮은 샛별
저녁 산책길 등대처럼 켜있다

풀꽃 여인

새벽 정거장

밤하늘의 별빛 모아
손깍지를 끼고
달콤한 이슬 보따리
머리맡에 풀어 놓는 그 곳

눈을 씻고 일어서는 풀잎처럼
정수리까지 밀물져오는 그대 생각
그리움으로 젖은 눈썹
톡톡 터는 새벽 정거장

저기 어둠의 커튼을 젖히는 하늘
낯익은 희미한 달 꽃 한 송이
밤이 새도록
누굴 기다리며 피어있었을까

내 애인은

내 애인은 병풍 같은 뒷산
언제나 바람막이로 그 자리
하지만 얼비치는 호수가 없어
그 마음 도통 알 수가 없다네

나무들은 저들만의 정다운 수화로
냇물처럼 조잘거리는데
내 애인은 지독한 불감증이어서
언제나 무뚝뚝 아무런 말이 없다네

바람소리인지 풍경소리인지
퇴적된 그리움의 울음보만
깔짝깔짝 건드려놓고

마음 달구기까진 아직 너무 푸르러
더 가까이도 아니고
더 멀리도 아닌 경계에 서서

잘 있었느냐고, 보고 싶었다고
산그늘로 홀연히 내려와
안부를 묻고 간다고는 하는데

하지만,
나도,
적잖이 불감증이어서……

소리 없이 흐르는 구름

소리 없이 흐르는 구름은
얼마나 무량한 사랑을 안겨주는가
흐르는 구름 한 점에도
어린 시절의 친구 얼굴이 떠오르고
무쇠 솥 뚜껑에서 피어오르는 밥 냄새가 그립고
가끔은 먼 친척의 안부마저 그립다
저 평온한 구름뭉치들은
상처 난 세월의 갈피들을 품에 안고
어디론가 조용히 사라지고 있다
구름이 가끔씩 퍼붓는 소나기처럼
삶 또한 때때로 잎사귀를 요란하게 흔들지만
세월이 흐른 먼 훗날엔 그 속울음도
아늑한 솜뭉치처럼 가는귀를 멀게 한다
다만 헛된 꿈을 터트리던 비눗방울처럼
잘못 써온 기억의 끝이 저려올 뿐……
구름과 세월의 흐름 속에서
그대를 사랑하는 법을 터득했다
그대의 아픔을 품에 안아 주고 싶다

짝사랑

너는 내 앞에
처음으로 놓인 유리병이었다
가까이 다가서서 톡톡 노크라도 하면
이내 깨져버릴 것만 같은 사랑

어쩌면 몇 생을 기다리던
나의 인연일 것만 같은 너
때때로 우수에 찬 너의 이마는
달빛에 더욱 싸늘한 빛을 발했다

그런 날이면 너의 가슴에
앳된 꽃잎의 빛 고운 문장이라도
담아주고 싶었지만
풀꽃 한 송이도 꽂아주지 못한 지금

빈 가슴으로 녹아내리던 뜨거운 물줄기
지류를 따라 흘러가는 아무르 강가에서
나는 오늘도 너의 물결로 출렁인다
아으, 나는 허우적대며 빠져가고 있다

나의 詩, 나의 애인이여
결국 너는 내 생의 블랙홀이었는가

바람의 언덕에서

바람의 언덕에서
차마 잊지 못 할
그대 이름 부르노라

꽃씨 한 톨 손에 쥐어주고
바람처럼 홀연히
사라져버린 그대여

노을빛 하염없이 머물렀을
바람 부는 이 언덕에서
고백하노니

갓 바른 창호지에 햇살이 스미듯
그대가 내 삶에 들어온 날부터
난 기적을 믿었노라

쓸쓸함은 어차피 나의 오래된 지병
그 쓸쓸함의 자궁을 열어 꽃씨를 품고
구름 꽃, 구름 꽃 피우노라면

오시려는가, 사랑이여
대지에 밀물져 오는
저 풀잎의 파도 물결처럼

산

산은
등짐 지고 올라온 모든 이들
세상의 근심 걱정 하소연을
가슴으로 다 받아주더니
내 눈물도 받아먹더니
급기야 피부가 거무스름해졌다
더러 함께 울어
온몸이 젖기도 한다

가끔은 산도
가슴 속이 못내 답답해져서
소화 덜된 말 못할 슬픔도 있어서
달밤에 슬그머니 빠져나와
구름 담배를 뻐끔뻐끔 태우는데
그럴 때면 내 맘도 짠해지는 게
어쩐지 미안하다
미안해진다

행로

청춘아 너는 가거라
더 이상 주름 진 손을 흔들며
가고 없는 너를 아쉬워하지 않으련다

새벽안개를 털어내던 이슬처럼
아리고 저린 기억도
그대와 웃고 울던 생의 이정표이려니

네가 거느리고 달아나는
시간의 군중 속에서
조금은 느려도
나 역시 여지없이 걷고 있나니

비록 야위어진 내 두 다리
일터로 향하는 낡은 구두창에서
그래도 간혹 뚜벅뚜벅 들려오는
말발굽소리는 행복하나니

이제는 결코 두려워하지 않으리
비바람 부는 언덕 길
혹은 살얼음 낀 강가에 설지라도
그 또한 눈물겨운 나의 시어가 되리니

거울 속의 나

가끔은 혼자 있을 때가 좋다

사랑도 미움도 슬픔도
일상의 모든 잡념을 접고
혼자 눈 부릅뜨며 질문하고
혼자 진솔하게 답변하는
모처럼 열리는 청문회의 주인공이고 싶다

늘 위태롭고 헛헛했던 생각
고독이라는 여과지에 거르고 걸러
거울 같은 달빛 앞에 섰을 때
내게 관대하지도, 인색하지도 않은
낯설지 않은 나라면 얼마나 좋을까

말(言)을 가두어 고독했던 혀는
시를 읊는 낭만의 붓끝이기를
노래하는 꽃의 향기로운 뿌리이기를
더 이상 날선 칼날 부디 되지 않기를
가끔은 혼자서 나를 되짚어 볼일이다

퇴근길

퇴근시간이다

아침에 타고 왔던 지하철을 타기 위해
에스컬레이터를 타고 내려간다
즈르륵 따라 내려오는 사람
뒤따라오니 나보다 처진 사람인가
뒤돌아 위에 올라 타 있으니 윗사람인가
하긴 지하로, 무덤으로 내려가는 길도
위, 아래가 있는 법이지

5678 행복미소 도시철도가
덜걱덜걱 어둠을 횡단시켜줄 동안
지친 땅 속 터널을
허리 굽혀 살펴갈 동안
부디 색 바랜 구두코나 밟히지 말기를

시나브로 어둠에 익숙해진 나
지상의 푸른 이내쯤이야
내심 서운할 것도 없지, 암
빌딩숲을 뒤덮을 멍석 같은 어둠이
일몰의 잔재를 돌돌 삼켜야만
새로운 내일의 먼동 떠오르리니
가자 집으로, 나의 애마여

가을이 오는 길목에서

안녕, 소슬한 바람이
가을 길목에서 인사를 한다

뺨을 어루만지는
보드라운 바람의 감촉

거울처럼 맑은 하늘 물
달빛 노른자에
설설 풀어지는 흰 구름

이쯤이면 푸욱 우러난
황태국 한 사발 같은
따뜻한 정이 물씬 그립다

찬바람에 서로 옷깃을 여며주듯
그대와 나의 사랑도
한 겹 도톰해지겠지

안녕, 그대 닮은 샛별
저녁 산책길 등대처럼 켜있다

시집살이, 그 매운바람

오늘은 바람이 세차게 분다

기이한 호루라기를 불며
모퉁이에서 불현듯, 휘익 휙
앞에서 머리칼을 휘어잡고
뒤에서는 휘청 허리를 떠민다

세상사 아무리 모질어도
시집살이만큼 매울까
때때로 증발하고 싶었었다
바람 자면 새날인 것을
그땐 왜 몰랐을까

문득 천상의 어머니가 그립다
매운 사랑 행여 잊힐까
왕년의 바람으로 오신게다
참으로 어머니답게, 휘이익

바람 불어 좋은 날이다

하루

만물의 하루는 끝이 없다

나비는
이 꽃 저 꽃 넘나들며
호시탐탐 하루, 또 하루

나는 나는
오직 그대 생각으로 하루

그 누군가에게
자리를 내어줄 뿐
만물의 하루는 마침표가 없다

오늘도 하루의 주인공이 되어
시간을 채색하는 동안
무한한 사랑을 품어볼 일이다

생일을 맞이하여

다리 밑에서 주워왔다는 놀림이
어릴 적엔 한사코 서러웠었다
그도 그럴 것이
육남매 중 유독 나만
왜소한 몸에 못생긴 꼴이
출생의 근원을 두고 적잖이 분분할만했었다
그러나 옛 기억을 떠밀고
삶은 제각각이어도
세월이 흐를수록 우리는 닮은꼴이 되어갔다
궂은날 맑은 날 할 것 없이
나이테의 두께를 입히는 일
여태 살아 온 날들
하루하루가 생일인 것을
오늘 형제들 나의 잔칫상에 둘러앉아
노모의 간절한 감사기도를 들으니
한때 생을 놓칠 뻔했던
몇 해 전의 아픈 기억이
그 뜨거움이 울컥 가슴에 고인다
언제 살아있다는 감동만으로도
나의 생을 감사히 여긴 적이 있었던가
하루하루 색깔이 다를지라도
바람 앞에 촛불처럼 흔들릴지라도
소중하지 않은 날 어디 있으랴

국화, 어쩌자고

아침이슬 젖을 물던
초롱초롱한 국화 꽃망울들
시도 때도 모르고 덜컥
초록 문을 젖히고서 말똥말똥

호시절 꽃 시절 다 지난 지금
어쩌자고 사랑의 어린 눈을 떴을까
쥐엄쥐엄 가느다란 손가락
한껏 펼치는 저 철부지

어린아이 포대기를 두르듯
따사로운 가을햇살
짧은 한낮 성급히
꽃송이 들쳐 업고 어르고 있다

고드름

차라리
내가 고드름이면 좋겠어

순백의 투명한 얼음 꽃
가장 눈부시게 필 때
너는 뜨거운 햇살로 와줘

뜨겁게 뜨겁게 사랑하다
몸 녹아내리는
고드름이고 싶어

찔레꽃

앙다문 저 침묵의 꽃망울은
그대 감춘 마음 많이도 닮아있군요

머리칼을 스치는 바람 한 줄기
그대 그윽한 향내로 실려 오네요

난 알아요, 이마에 잔가시로 돋는 건
그대도 지금 많이 아파한다는 것

열꽃 열꽃으로 피어
흰 피, 투석을 하는 그대여

당신의 침묵으로 흘리는
나의 촛농 같은 눈물이여

길을 나서며

때로는
맨몸으로 길을 나서보자

돌부리에 채여 바닥에 뒹구는
미망(迷妄)의 시간들
바늘귀 같은 푸르른 솔잎에
잘 익은 봄 햇살 꿰어
미완의 소중했던 삶의 기억들
희망의 색실로 수를 놓자

훈훈한 미풍의 손길로
머리카락 빗어 내리고
걷다보니 가다보니
들녘에 가만가만 손짓하는
눈물겨운 들풀들
아 비로소 뜨거워지는 이내 가슴

때로는
모든 것 훌훌 털고 길을 나서볼 일이다

어둠속에서

어스름 저녁나절이면
가로등을 켜놓아도
오히려 한밤보다 시야가 침침하다

삶의 모서리에 부딪쳐
길을 잃은 미아처럼
갈 길 몰라 사무칠 때
시나브로 어둠마저 스르르 깊어지지만
어둠은 어둠의 고통이 삼켜야만
자애로운 새날이 밝는 것

나그네여, 어둠을 두려워 말자
푸르른 새벽이 문밖에 서있다
눈물을 닦고 어둠속 하늘을 보라
거기 등대처럼 손 내미는 따스한 별빛
한 자루의 촛불을 태우듯
그대 마음의 눈을 뜨게 하리니

봄비

마른 풀냄새 훅 올라오는
산 너머 들길 지나

자분자분 걸어오시는 그대
먼 길 잊지 않고 돌아오신 그대

마른버짐 얼룩진 지상에
푸른 피 달게 수혈을 하는

화들짝 마실 나온 철없는 계집애들
단속곳 적셔 꽃물 들게 하는

| 서평 |

시(詩), 열정적 구애의 미학

– 마정인의 시 세계

손희락

(시인 · 문학평론가)

1. 탐색 - 감춤과 드러냄의 경계에서

시집 원고를 통독하다보면 창작의 주체인 시인이 보인다. 면면히 검토한 작품 안에서의 만남이지만, 갈등, 집착하고 있는 사유(思惟)나 고뇌의 무게까지 감성의 저울 위에 올려놓고 어느 정도 측량해낼 수 있다.

시인은 작품 속에서 자신의 전부를 드러내거나 벌거벗지도 않지만, 자아관념을 완벽하게 위장하거나 숨길 수는 없다. 감추고 드러내는 아슬아슬한 경계, 팽팽한 긴장 속에서, 평자는 시인을 만나고, 그 내면을 추적하여 파고드는 작업을 시도한다. 굳게 닫힌 시세계의 문을 열고 개성적 공간을 탐색한 후에 완성되는 시평이나 해설이 흡족한 기쁨을 줄 때도 있지만, 때로는 갈등이나 고뇌 속으로 화자와 함께 빠져들 때도 있다.

타인의 시세계를 탐색하는 작업은 참으로 어렵다. 그러나 시적 개성이 확립되어 있고 지향점이 명확한 작품을 만날 때의 쾌감은 평자만이 느낄 수 있는 환희의 독식일 것이다.

마정인의 시세계에 접근해보면 인생과 사랑에 대한 지독한 갈증에 시달리고 있지만, 위장하거나 은폐하고 있어 추적이 쉽지 않다.

고단한 몸을 숨긴 현실의 기둥 뒤에서 고독의 옷자락만 일부분 노출되어 너풀거리고 있을 뿐이기 때문이다. 이처럼 사랑의 아픔이나 삶의 갈증을 가슴 속 깊은 곳에 감추고 있는 여성 시인들의 텍스트를 해독하는 일은 남성 시인들보다 더 어렵다. 여성의 언어는 눈, 코, 입, 세밀하게 그려가며 화장을 하듯 언어 또한 빗장을 닫아걸고 다양한 사유들을 함축하고 있기 때문이다.

간 밤 한바탕 봄비가 내리나 싶더니
지상 구석구석 물청소를 했나보다
모처럼 깨끗이 세수를 한 뜰에

다정다감한 봄볕이 내려와
풀잎의 눈물자국을
치맛자락 펼쳐 닦아주고 있다

옳거니, 나도 이참에
질척하니 젖은 가슴
봄볕에게 은근 내밀어 봐야지

―「봄볕」 전문

봄비 내린 후 이른 아침의 상황을 평이하게 진술하고 있지만, 행간에서 적절한 시어를 구사하며 마무리하고 있어 언어를 다루는 노련함이 눈길을 끈다.

1연에서는 봄비가 '구석구석 물청소를 하고 지나갔다' 고 했고, 2연에서는 '봄볕이 풀잎의 눈물자국을 치맛자락 펼쳐 닦아주고 있다' 고 아름답게 표현되어 있다. 상황에 적절한 시어들과 군더더기 없는 간결함이 시의 감칠맛을 더하고 있다.

3연에서는 자신의 내면 그 갈증을 노출시킨다. 그런데 그 노출이 아주 은밀하다.

'옳거니, 나도 이참에 / 질척하게 젖은 가슴 / 봄볕에게 은근 내밀어봐야지'

간밤에 봄비가 내려 온 세상은 다 젖어있지만, 자신만은 지독한 갈증과 불면, 외로움에 시달리고 있다는 것이다.

결론에서 가슴이 질척하니 젖어 있다는 표현은 젖이 불어 있는 처연(凄然)한 상황의 독특한 묘사이다. 젖은 퉁퉁 불어 있어도 그 젖을 물릴 수 있는 대상이 없어 심화된 고독을 토로하고 있는데 그 표현이 기가 막히다. 봄볕에게 한 번 내밀어 봐야겠다는 것이다. 그것도 그냥 불쑥 내밀어보는 것이 아니라 자존심을 지켜가면서 내숭을 떨면서, '은근' 내밀어보겠다는 것이다.

사랑에 빠지고 싶은 심정을 담아 멋스럽게 구애하고 있는 대단한 시인의 끼가 아닐 수 없다. 위의 시 「봄볕」에서 보듯이 마정인의 시는 드러내기 보다는 적절히 감추고 있다.

삶과 일상을 작품 속에 투영 시켜 진솔한 시를 빚어내고 있지만, 언어의 운용기교 면에서 탁월하다. '질척하니 젖은 가슴' 으로 표현된 외롭고 고독한 자아와는 전혀 상관없는 '봄볕' 이란 제목을 설정, 결론에서 시의 위의를 높이는 전략은 어느 정도 성공을 거두고 있다고 판단된다.

2. 열정적 사랑에 대한 갈등과 욕망

여러 작품에서 노출되고 있는 마정인의 사랑은 불행하게

도 짝사랑이다. 언제 어느 때 이루어질지 예견할 수 없는 일방적인 사랑을 가슴에 품고, 갈등하고, 고뇌하며 뒹굴고 있는 애타는 '우울증' 이 작품 속에 응축되어 있어 시가 무겁고 어둡다. 어떤 작품은 먹구름이 잔뜩 끼여 있어 시를 읽는 순간 안타까움의 비를 뿌리기도 한다.

내가 그대를 사랑함에 있어
나는 그대의
편안한 쉼터이고 싶습니다

낡은 의자가
세월의 무늬를 수놓으며
흔적을 말해주듯

그대가 내 안에 걸터앉아
오랜 시간 시를 읊조리며
훈풍의 손길로 머무르실 그 자리

그대가 나를 사랑함에 있어
그대는 내게
불변의 낙관 또렷이 새겨 주십시오

—「불변의 사랑」 전문

이 시에서 나타나듯이 불변의 사랑을 염원하고 있다. 쉽게 만나고 쉽게 이별하는 그런 사랑이 아니라 아픔을 수반하더라도 고통을 통해 발효되고 숙성되는 불변의 사랑을 꿈꾸고 있다. 3연에서는 '그대가 내 안에 걸터앉으라고' 하더니 4연에서는 불변의 낙관을 가슴에 찍어 달라고 독백하고 있다. 열정적인 구애의 몸부림이 아닐 수 없다.

때론 가던 길 멈추고
어디든 머무르고 싶을 때가 있다
슬픈 옷가지 가지런히 벗어두고
몸 부비며 꽃피울 수 있는
따뜻한 가슴이 그리울 때가 있다

새벽이슬을 밟고 오는 그대여
대지 위에 몸을 푸는 여인이여
속살거리는 바람아 눈감아다오
사랑은 이슬처럼 짧게 빛날지라도
추억만은 긴 여운으로 아름다우리니

—「풀꽃 여인」 전문

이 시는 상재하는 시집의 표제 시이다.

자신을 가리켜서 '풀꽃 여인' 이라고 지칭하고 있다. 여기에서 '풀꽃 여인' 이란 다양한 의미로 해석될 수 있겠지만, 장미꽃같이 화려하지 않아도 아름다운 추억만은 가슴에 품고 고이 시들고 싶은 여자이고 싶다는 순수한 욕망을 생동감 있게 드러낸다.

1연에서는 자신은 슬픈 옷을 입고 있다고 표현하고 있고, 따뜻한 가슴이 그립다고 독백하고 있다. 2연에서 보면 대지 위에 몸을 푸는 여인이라고 자신의 현실에 대하여 비참 · 절망적으로 진술하고 있다. 자신의 삶과 초라한 풀꽃의 현실을 묶어 동일시하여 묘사하였다는 것은 심정적인 동질감 때문으로 판단된다. 그리고 이 작품을 시집의 표제시로 선택하여 뽑아 올렸다.

마정인의 시는 깊은 진리를 함축하거나 슬픔이나 기쁨의 맛을 절묘하게 표현하고 있어 풀꽃 같은 신선한 감동의 향기를 전달하고 있다. 그러나 햇빛 아래 노출되어 비를 기다리고 있는 목마른 풀꽃처럼 현실에 뿌리내린 무거운 침묵 속에서는 고독과 외로움이 짙게 베여 있다. 깊은 산속에 피어 있는 풀꽃은 하루에도 수많은 사람들의 발걸음을 묶어 사랑을 받지만, 그들은 머물지 않고 곧 떠나가므로 늘 외로운 존재이기 때문이다.

차라리
내가 고드름이면 좋겠어

순백의 투명한 얼음 꽃
가장 눈부시게 필 때
너는 뜨거운 햇살로 와 줘

뜨겁게 뜨겁게 사랑하다
몸 녹아내리는
고드름이고 싶어

—「고드름」 전문

「풀꽃 여인」에서 화자가 기다리는 것은 축축하게 적셔주는 새벽이슬이었다. 위의 시 「고드름」에서는 자신을 녹여 형체도 없이 사라지게 하는 아침 햇살을 기다리고 있다. 풀꽃이 새벽이슬을 만나는 것이나, 고드름이 아침 햇살을 만나는 것이나 뜨거운 사랑, 진실한 사랑을 상징하고 있다. 위의 짧은 시를 읽으면서 느끼듯 마정인의 서정적인 독백은 뜨겁다. 흐지부지하는 만남이나 미지근한 현대인들의 이기적 사랑은 그의 사고(思考)에는 결코 용납되지 않는다. 자신의 목숨까지 다 주고 싶은 그런 완전한 사랑에 빠지고 싶어 불철주야 안달이 났다. 사랑에 대한 의식을 고드름으로 표현하여 시적 성공을 거두고 있다.

내 애인은 병풍 같은 뒷산
언제나 바람막이로 그 자리
하지만 얼비치는 호수가 없어
그 마음 도통 알 수가 없다네

나무들은 저들만의 정다운 수화로
냇물처럼 조잘거리는데
내 애인은 지독한 불감증이어서
언제나 무뚝뚝 아무런 말이 없다네

바람소리인지 풍경소리인지
퇴적된 그리움의 울음보만
깔짝깔짝 건드려 놓고

마음 달구기까진 아직 너무 푸르러
더 가까이도 아니고
더 멀리도 아닌 경계에 서서
(후략)

—「내 애인은」 중에서

참으로 불행한 사건이 아닐 수 없다. 뜨거운 사랑을 나누고 싶어하는 시인이 공개한 애인은 지독한 불감증을 앓고 있는 무뚝뚝한 성격의 소유자이다. 이 시의 진술을 보면 가까이 가고 싶어서 수단방법을 가리지 않고 유혹도 해보지만 도무지 그 접근을 허용하거나 마음의 빗장을 열어주지 않는 냉정한 대상임을 유추할 수 있다.

그래서 애타는 심정으로 눈물로 시를 쓰고 있다. 가슴이 뜨거운 여자와 무뚝뚝한 남자의 만남 속에서 우울증은 깊어만 가고 그 지독한 갈증을 해결할 방법이 없어 누런 순대국밥 안주 삼아 쓰디쓴 소주잔 기울이게 만든다.

이 시에서 화자가 진정 말하고 싶은 것은 무엇일까? 사랑의 본질에 대한 설명이다. 자신이 좋아하여 선택한 대상이라면 설령 그가 무뚝뚝하거나, 얼비침 없는 호수를 닮아 그림자도 없는 산 같은 존재라도 사랑하는 마음은 포기하거나 관심의 대상을 바꿀 수 없다는 어떤 운명에 대해서 진술하고 있는 것이다. 가슴 아픈 짝사랑에 대한 미학을 사물들을 동원한 이미지의 암시 혹은 우회적인 표현으로 그려나가고 있다.

3. 짝사랑의 실체

상호 존중하여 소통하는 사랑과 일방적인 짝사랑은 아픔이나 그리움에 있어서 그 농도가 다르다. 사랑의 대상이 따뜻한 눈길을 내게 주지 않아도 나는 그 사람에게서 도무지 무관심해질 수 없기 때문에 찐득찐득한 스토커로 변신하기도 한다.

관심을 영어로 인터레스트(interest)라고 표현한다. 이 말의 뜻은 '무엇과 무엇과의 사이'에 내가 존재하고 끼여 있다는 뜻이다. 마음과 뜻을 모아서 집중할 수 있는 어떤 대상이 있다는 것은 고난 속에서도 삶의 길을 걷는 원동력이 되기 때문에 자아가 존재하는 이유가 된다. 그러므로 이 세상에서 사랑의 힘보다 위대한 것은 없다고 할 것이다.

마정인의 가슴을 갈가리 찢으며 눈물로 애태우게 하지만 삶의 지표로 존재하고 있는 짝사랑의 대상, 절대적 가치를 지니고 있는 그는 누구인가. 그 실체에 접근해보자.

너는 내 앞에
처음으로 놓인 유리병이었다
가까이 다가서서 톡톡 노크라도 하면
이내 깨져 버릴 것 같은 사랑

어쩌면 몇 생을 기다리던
나의 인연일 것만 같은 너
때대로 우수에 찬 너의 이마는
달빛에 더욱 싸늘한 빛을 발했다

그런 날이면 너의 가슴에
앳된 꽃잎의 빛 고운 문장이라도
담아주고 싶었지만
풀꽃 한 송이도 꽂아 주지 못한 지금

빈 가슴으로 녹아내리던 뜨거운 물줄기
지류를 따라 흘러가는 아무르 강가에서
나는 오늘도 너의 물결로 출렁인다
아으, 나는 허우적대며 빠져가고 있다
나의 詩 나의 애인이여
결국 너는 내 생의 블랙홀이었는가

—「짝사랑」 전문

놀라운 일이다. 그토록 애지중지하여 사랑하고 있는 대상은 인생길에서 늦게 만난 '詩'라는 이름의 남자였다. '오, 나의 시, 나의 애인이여' 몽롱한 환각에 빠져 고백하고 있는 시인의 애절하고 진지한 모습을 보면서 평자는 충격을 받게 된다. 문학을 향한 열정적인 사랑, 지독한 짝사랑 환자이기 때문이다.

1연에서 고백은 멋스럽다. '너는 내 앞에 / 처음으로 놓인 유리병이었다'

'처음으로 놓인 유리병' 이라는 말은 생애 '첫사랑' 이라는 고백과 동일하다. 유리병이라는 표현은 한국문단에서 시인으로 성공하기가 매우 어렵다는 인식과 함께 그 유리병 속에 담긴 진리들을 꺼내어 이미지로 형상화시키기 힘들다는 시인의 고뇌가 함축되어 있다. 이 시어를 쓸까, 저 시어를 쓸까, 연을 나누어 쓸까, 아니면 붙여 쓸까, 전전반측(輾轉反側) 고뇌하다가 동트는 새벽을 맞는 것은 시인의 운명이다.

시적 고백이기는 하지만 만약 시가 귀가 있어 들을 수 있다면 화자에게만은 굳게 닫힌 문을 열어주고 하룻밤 은밀히 동침하여 명시(名詩) 한 편 옥동자로 안겨 주고 싶을 만큼 감동적인 유혹이 아닐 수 없다.

그런데 특이하다. 왜 돈도 안 되고, 팔아봤자 쌀도 살 수 없는 시를 상대로 이토록 뜨거운 사랑에 빠져 있는 것인가. 마정인은 인생길을 걸으면서 한 남자를 사랑하고 결혼하고 자녀를 얻는 축복을 누리고 행복을 노래하고 싶었지만, 지천명의 고갯길에 이르도록 그 가슴속에 진정한 기쁨이나

만족은 얻지 못한 것 같다. 삶에 대한 지독한 갈증이나, 고독, 인생의 허무가 문학에 대한 열정, 특히 시에 대한 사랑으로 변환되어 그 가슴 속에 둥지를 틀게 된 것이다. 그러므로 화자에게 있어서 문단에 데뷔는 무의미한 삶의 방향을 소망으로 확 바꾸어버린 획기적인 전환이 아닐 수 없다.

문단에 데뷔하여 시를 쓰고 있는 시인들을 구분하면 크게 두 종류로 구분할 수 있을 것이다. 첫째는 취미삼아서 건성으로 문학을 하다가는 대다수 부류들일 것이고, 둘째는 열정적으로 문학에 미쳐버린 일부 시인들일 것이다. 전자와 후자는 문학의 길을 걷는 방편이나 그가 남겨 놓고 가는 이력, 작품의 양이나 질에서 엄청난 차이를 보일 수밖에 없다.

시에 대한 시인의 사랑은 열정적이다. 열정적이다 못해 가히 종교적이다. 마치 예수를 사랑하는 성도가 불치의 병이 들어 치료받기 위해 금식하고 기도하는 것과 같은 간절한 몸부림, 애절한 사랑으로 승화되고 있다. 동시에 세상의 모든 가치를 상쇄(相殺)하면서 삶의 전부가 되어 있다.

하지만 시는 외면하여 침묵의 문을 굳게 닫아걸고 반응을 쉽게 보이지 않는다. 사랑하는 애인(시)에 대하여 두드리고 두드려도 문을 열어 주지 않고 접근을 허용하지 않는 차갑고 냉정한 존재라고 소개하고 있는 것은 한 편 명시(名詩)를 쓰기 위해 몸부림치고 눈물 흘린 고뇌 가운데서 체득한 깨달음일 것이다.

그러나 평자의 생각에 마정인의 애인(詩)은 냉정한 것만은 아닌 것 같다. 때로는 시를 쓸 수 있는 소재나 깨달음, 직관이 작동되도록 자의식을 길러주고 정렬된 언어와 풍부한 운율미를 시시때때로 선물하는 멋진 '그대'이며 사랑할만한 대상인 것 같다.

지면 때문에 일별하지는 못하지만, 「사랑의 터널」, 「내게도 그런 사람 있습니다」, 「비 그친 후」, 「그리움의 경계」, 「사랑초」, 「산」, 「퇴근 길」, 「미친 사랑」, 「항해」, 「국화 어쩌자고」, 「붕어빵」 등은 시의 구성이 탄탄하고 함축된 진리가 깊고 독창적인 시어들이 맛깔스럽게 조화를 이루고 있다.

4. 마무리

시를 사랑하지 않고 문학의 길을 걷는 시인은 없다고 반문할지 모르지만, 마정인의 시학은 다르다. 삶의 일부분이 아닌 전부를 투자하여 그 뿌리를 깊이 내리고 싶어 하고 시에 대한 열정적 사랑 또한 타인과 비교할 수 없을 만큼 뜨겁다.

대다수 여성시인들에게서 약점으로 노출되고 있는 자의적인 비약, 횡설수설하는 수다. 틀에 박힌 시어 중복 사용

이나 가벼운 독백 등은 찾아보기 어려워 자칫 빠지기 쉬운 만네리즘(Mannerism)의 늪에서 벗어나 있다.

포장마차에서 한잔 술에 취해 내뱉는 취중 독백인 것 같아도 그 내면에는 자아 정체성을 인식하려는 치열한 몸부림과 고뇌가 숨겨져 있어 자기만의 분명한 목소리를 내면서 진리를 함축한 신선한 메시지를 전달하고 있다. 그러나 창작에 대한 갈등 또한 극심하기 때문에 때로는 원치 않는 열병을 며칠씩 앓는다.

나를 아끼는 지인 중에 더러는
밤잠 설쳐가며 시를 쓰느라
더욱 아픈 것 아니냐고 반문하신다

나는 시 쓰는 일에 몰두하다 보면
그 시간만큼은 조금이나마
아픔의 고통을 잊는 것인데

젠장, 지금은 되잖은 시만 써대니
그저 묵묵무언 난감해할 뿐
아무튼 명작 한 편이라도 나와야
옳거니 통쾌하게 우길 수 있으련만

—「그런 날이 내게도 올까」 전문

화자의 소원은 오직 하나뿐이다. 체력이 달려 비실비실 하면서도 시를 쓸 때만큼은 눈동자가 반짝반짝 빛나니 후대에 길이 남는 시 한 편 쓰기 위해 밤마다 구애하고 몸부림치고 있다. 지성이면 감천이라고 했든가. 이미 사물을 깊이 관찰하고 끈질기게 천착하며 언어를 운용하는 연금술사가 되어 있기 때문에 언젠가 시와 진정으로 동침하여 그 감성의 비명이 폭발하는 날, 옥동자를 생산하는 환희의 축복이 주어질 것 같은 예감이 든다.

인간의 사랑으로 태어나는 육체적 생명은 자궁으로 낳지만, 삶의 언덕, 숲속에서 홀로 몸을 푸는 명시(名詩)는 가슴으로 낳는다. 1연에서 언급하고 있는 화자의 병은 '우울증'으로 유추된다. 시와 시인의 관계에서 발병하는 우울증은 현대인들의 우울증과는 그 본질을 달리한다. 시다운 시를 쓰고 싶은 화학요법으로 치료할 수 없는 불치병이기 때문이다. 우울증을 깊이 앓는 시인들은 명시 한 편 남기는 그날이 오면 약을 먹지 않고도 저절로 완치된다.

이 시의 제목으로 붙여 놓았듯이 「그런 날이 내게도 올까」 학수고대 하고 있는 시인의 행보를 주의 깊게 지켜봐야 할 것 같다. 후대 독자들의 사랑을 받을 수 있는 가능성이 매우 높아 보인다.

나는 거미다

한 가닥 실오라기 같은
인연의 끈 붙잡고
오늘도 줄을 타는 곡예사
이런 것이 생(生)이라는 걸까

그리움이 깊을수록
팽팽하게 날이 서는 현
허공 향해 연주하는 아쟁산조
그저 바람의 소산이려니

그러다 외로움 깊어 막막한 밤
던져보는 그리움의 투망
철렁, 어긋나는 사랑의 착지
어쩌겠나 자승자박인 것을……

아. 프. 다.
아니 아프지 않다 나는
거미이니까

—「거미」 전문

시인은 자신을 '거미'라고 소개하고 있다. 거미는 항문 근처에 위치한 방적돌기에서 진득진득한 실을 뽑아서 그물을 치고 먹이가 걸리기를 깨어 기다린다. 화자는 3연에서 그리움의 투망을 던져보아도 아무것도 걸리지 않는다고 비탄한다.

시와 인연을 맺어 사랑에 빠지는 일은 참으로 어렵다. 오랜 세월동안 일편단심 기다리다가 죽음 직전에서야 마지막 실을 뽑아내어 명시 한 편, 이 세상에 남기고 가는 것이 시인의 운명인지도 모른다.

거미 시인, 마정인은 오늘도 실을 뽑아낸다. 헐거워진 부분을 수리하고, 구멍 뚫린 곳은 바람도 빠져나가지 못하도록 촘촘히 얽어 놓고, 별이 빛나는 허공을 향해 아쟁산조를 연주한다. 연약한 몸이 더욱 쇠약해질 수밖에 없는 고뇌의 작업이다. 그러나 한 편 시를 완성 시킨 후에 스스로 즐기는 시적 성취감은 매우 높아 보인다. 시를 발표하면서 자아가 누리는 기쁨은 값비싼 보약을 마시며 에너지를 보충하는 효과를 내고 있다.

마정인의 텍스트에서 감지된 다양한 언어들이 한 권의 시집으로 묶어진다. 이 시집 속에서 앙증맞은 '풀꽃 여인'이 비명을 지르고 있다. 애처롭지만 열정적 구애로 써내려간 작품들이니만큼 감성의 그물을 내리면 건질 것 또한 많을 것이다. 시를 사랑하는 독자들에게 일독을 권한다.

잎새에 이는 서걱거리는 소리는
설움 많은 바람의 넋두리이려니
어차피 잠시 빌려 쓰는 마른 대지
이름 불러주는 이 없어도
그리움의 눈물도 쓸쓸함의 흔적도
사랑하리라, 사랑하면서
이슬처럼 슬픈 길은 모두 지우리라